# O SEMEADOR

Teatro

Gabriel Chalita

# O SEMEADOR

Teatro

Planeta

Copyright da 1ª edição © Gabriel Chalita, 2009
Copyright da presente edição © Gabriel Chalita, 2011

*Revisão:* Tulio Kawata, Maria Luiza Poleti
*Diagramação:* SGuerra Design
*Imagem de capa:* Flower Myth (1918), de Paul Klee

Dados Internacionais de Catalogação na Publicação (CIP)
(Câmara Brasileira do Livro, SP, Brasil)

| |
|---|
| Chalita, Gabriel |
| O semeador / Gabriel Chalita. -- São Paulo : Editora Planeta do Brasil, 2011. |
| ISBN 978-85-7665-675-3 |
| 1. Teatro brasileiro I. Título. |

| 11-07932 | CDD-869.92 |
|---|---|

Índice para catálogo sistemático:
1. Teatro : Literatura brasileira    869.92

2011
Todos os direitos desta edição reservados à
EDITORA PLANETA DO BRASIL LTDA.
Avenida Francisco Matarazzo, 1500 – 3º andar – conj. 32B
Edifício New York
05001-100 – São Paulo – SP
www.editoraplaneta.com.br
vendas@editoraplaneta.com.br

Para
Rachel Ripani

Rodolfo – professor aposentado, 52 anos.
Paulo – ex-aluno de Rodolfo, 31 anos.

PERSONAGENS

O cenário é uma casa simples, em noite de Natal.

**RODOLFO**
Ele não vem. Mais um Natal e ele não vem.

Mais um Natal e eu aqui, velho e sozinho.

Tenho que arrancar isso de mim... Ele não vem e ponto final.

Ponto final, Rodolfo. O melhor é virar a página e empurrar o barco.

Quem sabe assim eu consiga esquecer um pouco a dor. Quem sabe assim eu consiga fechar os olhos e dormir.

*Rodolfo senta-se, como se fosse tentar cochilar.*

É cedo. Eu sei que não vou conseguir dormir. O sono não vem, Papai Noel não vem, ele não vem. Chega de me enganar. O melhor é ir ao texto. Pelo menos, lendo, escrevendo ou reescrevendo, distraio minha cabeça. Se, aqui, eu não consigo, eu me oriento em outro mundo.

*Senta-se à mesa, abre um caderno e lê para si.*

"Era uma manhã cinzenta, e Antígona se perguntava o porquê da solidão. Olhava uma fotografia de família, na qual aparecia vestida para o almoço de domingo. No colo, uma menina com laços amarelos no cabelo e um menino com o rosto enfezado. Lembrava-se docemente de que o menino pedira uma bicicleta de Natal e recebera outra coisa. Antígona sorria. Nessa época, não sabia que o seu futuro seria de solidão. E, agora, mesmo sozinha em mais um Natal, ainda tinha o desplante de sonhar. Sonhava em ver seus filhos. A menina há muito a abandonara. O menino, há menos tempo, resolveu não ter tempo. Tempo. Antígona recebia visitas de um fedelho, um menininho que queria aprender a ser sábio. Ela fingia-se de sábia ou, decerto, era sábia e não sabia."

Talvez, eu devesse tirar a cara de enfezado do menino. Dou a bicicleta e deixo o menino feliz... Não. Melhor não. A vida é isso aí. Felicidade acaba rápido, muito mais rápido do que a gente imagina.

*Toca a campainha e Rodolfo assusta-se. Novamente, a campainha toca.*

**RODOLFO** *(levantando-se para abrir a porta)*
Não é possível. Ele veio?

*A campainha toca, mais uma vez.*

**RODOLFO** *(abrindo a porta)*
Lucas?

**PAULO**
Não sou o Lucas. Sou o...

**RODOLFO**
Eu sei quem você é. É que estou cansado, velho, triste, ouvindo coisas, e, agora, estou desenvolvendo o dom de ver aquilo que desejo ver. Imagino e vejo.

**PAULO**
Sou o Paulo, o vizinho do andar de cima. Mudei para cá há pouco tempo, fui seu aluno na escola...

**Rodolfo**
Já disse que sei quem você é.

**Paulo**
Desculpe, professor Rodolfo, não foi minha intenção aborre...

**Rodolfo**
Tudo bem. Tudo bem.

**Paulo**
Posso me sentar?

**Rodolfo**
Não, não pode. Embora eu saiba quem você é, eu não sei o que você quer.

**Paulo**
Mas, professor Rodolfo, foi o senhor que...

**Rodolfo**
Pare de me chamar de professor. Eu não sou mais professor, muito menos o seu. Você disse muito bem: você *foi* meu aluno. *Foi* é passado, ou seja, é próprio daquilo que não é mais.

**Paulo**
Para mim, o senhor sempre vai ser meu professor.

Acho que eu nem sei chamar o senhor de outro jeito.

**RODOLFO**
Deixe estar. Isso não importa. O que importa é saber o que você veio fazer aqui, afinal.

**PAULO**
Como assim? Eu vim passar o Natal com o senhor, professor.

**RODOLFO**
E quem te convidou?

**PAULO**
Eu encontrei o senhor ontem, pela manhã, lembra?

**RODOLFO**
E daí?

**PAULO**
Comentei com o senhor que eu iria passar a noite de Natal sozinho e o senhor me disse que também iria passar sozinho...

**RODOLFO**
E daí?

**Paulo**
Bom... Eu disse que, se o senhor não se importasse, eu lhe faria uma visita. O senhor disse que não se importaria, então...

**Rodolfo**
Já faz algum tempo que eu não me importo com muitas coisas.

**Paulo**
Pois é. Então...

**Rodolfo**
Então... Você se convidou... Eu devo ter resmungado alguma coisa do tipo *tanto fez* ou *tanto faz* e, agora, você está aqui, na minha frente, na minha casa.

**Paulo**
Exato. Foi isso que aconteceu.

**Rodolfo**
Que batata!

**Paulo**
Eu trouxe esta torta. Sei que o senhor gosta.

**Rodolfo**
Estou de regime.

**Paulo**
Já posso me sentar?

**Rodolfo**
Pode. Desde que não demore.

**Paulo**
Tudo bem. Como o senhor quiser. Gosto de estar aqui.

**Rodolfo**
Curioso... Não sinto que as pessoas gostem de estar comigo.

**Paulo**
Pois, curiosamente, eu sei o porquê.

**Rodolfo**
Sabe? Como?

**Paulo**
Todo mundo sabe.

**Rodolfo**
Todo mundo? Quem te falou o quê? Diga de uma vez, rapaz!

**Paulo**
Os vizinhos, professor Rodolfo. Eles disseram que o senhor mudou. Que sempre dá um jeito de ser desagradável com as pessoas. E dizem que o senhor faz isso de propósito. Para afastar as pessoas... Para mim, mais parece uma fuga...

**Rodolfo**
Você é algum tipo de repórter investigativo?

**Paulo**
Não. É que não consigo entender como alguém tão brilhante quanto o senhor, como alguém que era tão estimado, faz questão de se trancar e de se isolar do mundo e da vida. Isso, para mim, é incompreensível.

**Rodolfo**
Conforme você for ficando mais velho e mais experiente, vai perceber que há muito mais coisas incompreensíveis no mundo do que julga sua vã filosofia.

**Paulo**
Mas para que agir dessa maneira?

**Rodolfo**
Enquanto eu era útil, fazia sentido que gostassem de mim... Que me agradassem... Agora, eu sou um nada. Não tenho futuro. E nada pior do que não ter futuro. Fico aqui esperando, esperando, esperando alguém que eu sei que não vem.

**Paulo**
Se o senhor sabe que a espera é inútil, por que espera?

**Rodolfo**
Algumas feridas não cicatrizam nunca.

**Paulo**
Elas só não cicatrizam quando queremos a ferida aberta.

**Rodolfo**
Seria bom se fosse simples desse jeito. Mas veja bem: às vezes, a pessoa é estéril e, ainda assim, quer ter um filho. E mói e remói esse desejo o tempo inteiro, sem nem perceber.

**PAULO**
Se a pessoa sabe que é estéril, e não é burra, o melhor a fazer é adotar uma criança.

**RODOLFO**
Você não prestou atenção na última frase? Eu disse que a pessoa não percebe o que está fazendo.

**PAULO**
Não percebe ou finge para si mesma que não percebe?

**RODOLFO**
Não importa, nada disso importa. Cada um que resolva os seus problemas.

**PAULO**
Estamos falando de uma hipótese. É um caso hipotético, apenas.

**RODOLFO**
Eu sei. Fui eu quem deu o exemplo. Não venha me dar lições! Hipótese ou não, o melhor é eu me manter quietinho na minha ostra. Eu não incomodo ninguém com a minha amargura, e ninguém me incomoda com a sua felicidade. Aliás... Isso serve para você. Já é tarde e é melhor você ir andando. Feliz Natal.

**Paulo**
Mas eu acabei de chegar.

**Rodolfo**
Você não vai querer ficar aqui com um velho ranzinza como eu, vai?

**Paulo**
Vou. Esse é exatamente o meu plano.

**Rodolfo**
Não seja teimoso. Não gaste sua juventude com o que não presta.

**Paulo**
Puxa... Essa frase é perfeita para o senhor. O senhor deveria ouvi-la e usá-la: "Não gaste sua juventude com o que não presta".

**Rodolfo**
Não seja ridículo, rapaz. Minha juventude já se foi há muito tempo.

**Paulo**
O que é isso, professor Rodolfo? Ainda há muita vida pela frente.

**Rodolfo**
Não, não, não. A vida é um sonho e não há vida, não há sonho, não há esperança. Não há nada. Fui consumido nestes anos todos, e o pouco que eu tinha, deixei o mundo roubar de mim.

**Paulo**
Não seja amargo, professor. Hoje é Natal. Vida, sonho, esperança... Numa noite como esta, isso é o que há.

**Rodolfo**
Onde você arrumou essa perseverança?

**Paulo**
Em *Dom Quixote de la Mancha*.

**Rodolfo**
E quando foi que você leu *Dom Quixote*?

**Paulo**
Na primeira vez, foi com a minha professora, na quarta série. Na outra, foi o senhor quem recomendou à minha turma, no colegial. O senhor estava explicando algo sobre o homem e suas formas de olhar... O senhor sabia que a maioria de nós já conhecia o livro e nos sugeriu uma nova leitura, com um olhar mais maduro.

**Rodolfo** *(em tom professoral)*
Bem... Leitura nunca é demais. E o mais importante é que você está usando a experiência do livro a seu favor. Usando o conhecimento de uma forma crítica.

**Paulo**
Finalmente, algumas palavras do velho e bom professor Rodolfo. Quase posso dizer que vi seus olhos brilharem quando me disse essas frases. Fico feliz em saber que bati na porta certa.

**Rodolfo** *(voltando a ser rabugento)*
Perfeito. Agora, que você já sabe que o velho e bom professor Rodolfo existe em algum lugar aqui dentro desta casca podre que chamam de corpo, você já pode dormir tranquilo. Se eu tiver mais algum lampejo de insanidade, subo as escadas, toco sua campainha e aviso você. Obrigado pela visita. Boa noite.

**Paulo** *(sério)*
O senhor quer mesmo que eu vá embora?

**Rodolfo**
Você quer mesmo ficar?

**Paulo**
Claro. Foi para isso que eu vim.

**Rodolfo**
É a sua forma de caridade? Fazer companhia a um professor decrépito na noite de Natal?

**Paulo**
O senhor já pensou que eu posso estar querendo me livrar da minha solidão, e não da sua? E que, se eu não estivesse aqui, agora, eu também estaria sozinho em casa?

**Rodolfo**
Você é realmente bom com as palavras.

**Paulo**
Eu tive um bom professor.

**Rodolfo**
O que eu preciso fazer para ficar em paz?

**Paulo**
Pare de ser chato... E me deixe ficar. Sei muito bem que, se o senhor não quisesse companhia, não teria nem aberto a porta.

**Rodolfo**
Além de bom com as palavras, é bom observador. Parabéns.

**Paulo**
Obrigado.

*Pequena pausa.*

**Paulo**
Este ano está mais quente, não acha?

**Rodolfo**
Falta de assunto.

**Paulo**
Só estava tentando ser agradável.

**Rodolfo**
Melhor se esforçar mais.

**Paulo**
Dependendo da companhia, pode não ser nada fácil.

**Rodolfo**
Tente um pouco mais de criatividade.

**Paulo**
Bom... É preciso saber a hora de jogar a toalha... Se o senhor preferir, eu posso ir embora.

**Rodolfo**
Não, eu gostaria que você ficasse.

*Pausa – não falam nada. Paulo vê o caderno em cima da mesa.*

**Paulo**
O que é isso?

**Rodolfo**
Um caderno.

**Paulo**
Eu desconfiei que fosse.

**Rodolfo**
Estou fingindo que escrevo um livro.

**Paulo**
Fingindo?

**Rodolfo**
Sim, "o poeta é um fingidor"...

**Paulo**
"Finge tão completamente
Que chega a fingir que é dor
A dor que deveras sente."

**Rodolfo**
Mas estou longe de ser Fernando Pessoa. Esses são apenas os rascunhos.

**Paulo**
Não gosta de computador?

**Rodolfo**
Não sei. Nunca pensei a respeito. Mas tenho a impressão de que as ideias fluem melhor a caneta. E me sinto mais seguro também.

**Paulo**
Mais seguro?

**Rodolfo**
Para que ninguém leia.

**Paulo**
Não foi minha intenção xeretar. Estávamos quietos, achei melhor procurar um assunto.

**Rodolfo**
O silêncio também é uma forma de cumplicidade.

**Paulo**
É que falávamos de solidão. Tentei espantá-la.

**Rodolfo**
Não estávamos sozinhos. Tínhamos um ao outro... Ai! Essa frase me machuca.

**Paulo** *(sem saber o que dizer)*
Quer falar sobre isso?

**Rodolfo** *(seco – talvez, com lágrimas nos olhos)*
Não.

*Mudando de assunto, bruscamente.*

Se quiser, pode ver o caderno.

**Paulo**
Não quero ser intrometido. O senhor, há pouco, disse que não queria que ninguém lesse.

**Rodolfo**
Na verdade, não queria. Mas é que a sua curiosidade está quase saindo pelas suas órbitas. Prefiro evitar um acidente ocular.

**Paulo**
É impressão minha ou estou diante de um sopro de bom humor?

**Rodolfo**
Passa rápido, não se entusiasme.

**Paulo** *(lendo o título)*
*Entrevista com Antígona*; Antígona, de Sófocles?

**Rodolfo**
Mais ou menos. Antígona é uma senhora que vive em um asilo, numa pequena cidade. Abandonada pelos filhos, recebe, vez ou outra, a visita de um menino e lhe conta histórias. O nome Antígona, realmente, é uma menção à de Sófocles, "aquela que queria ter o direito de enterrar o irmão". Só que a minha Antígona quer apenas ser visitada pelos filhos.

**Paulo**
E por que os filhos não a visitam?

**Rodolfo**
Porque não têm tempo. Porque não querem. Porque não se interessam por ela... Sugaram o leite e a força da velha Antígona; agora, cospem.

Talvez, a mãe tenha um pouco de culpa; talvez, ela tenha plantado essa situação... Acho que nem sempre as mães são inocentes... Não sei... Leia e dê sua opinião. Quem sabe você não me dá uma pista do que devo fazer. Eu preciso escrever o final, mas não sei se o final deve ser triste ou feliz.

**Paulo**
Feliz, claro!

**Rodolfo**
A vida nem sempre é feliz.

**Paulo**
Depende da gente e, nesse caso, só depende do senhor. Nós é que transformamos as gotas em tempestades, os moinhos em gigantes alucinados.

**Rodolfo**
Puxa, as aventuras do cavaleiro andante marcaram mesmo a sua vida, hein?!

**Paulo**
E é uma pena que não tenha sobrado nada de Dom Quixote no senhor.

**Rodolfo**
A vida é dura, ela vai te ensinar, como ensinou a mim.

**Paulo**
Engraçado... Nas aulas, o senhor dizia que a literatura era a história dos sentimentos e que era preciso que sofrêssemos com a dor alheia e nos apaixonássemos com as delícias alheias. Afirmava que, roubando essas vivências dos livros, construiríamos bases sólidas para perceber o mundo. Assim, poderíamos driblar a secura e a dureza da realidade com a criatividade e com a força da poesia e do sonho.

**Rodolfo**
Quando a gente é jovem, diz muita bobagem. A gente acha que sabe e que pode tudo. Mas a gente não pode nada.

**Paulo**
A gente pode, sim, professor, mas a gente precisa querer poder.

**Rodolfo**
Isso é filosofia barata. Você não diz nada que se aproveite.

**Paulo**
É... Não tem jeito: o afetuoso professor se transformou no arrogante dono da verdade.

**Rodolfo**
Por favor, não me chame de arrogante.

**Paulo**
Prefere o quê? Rabugento? Melancólico?

**Rodolfo**
Prefiro o Lucas. O Lucas não faria isso que você está fazendo.

**Paulo**
O Lucas não está aqui.

**Rodolfo**
Se dependesse de mim, ele estaria aqui, agora, exatamente onde você está.

**Paulo**
Mas não depende. O Lucas morreu e o senhor sabe perfeitamente disso.

**Rodolfo**
Se você não tem mais respeito por mim, por favor, respeite a minha dor.

**Paulo**
É que o senhor tira qualquer um do sério. Melhor eu ir embora. Talvez, eu esteja mesmo perdendo o meu tempo e desperdiçando o do senhor.

**Rodolfo**
Não, não, não... Fique. Eu sei que fui arrogante e que não sou nada fácil. Quando estou sozinho, o silêncio me incomoda. Com o silêncio, vem o pensamento e, com ele, nossos monstros. Minha imaginação não para minuto algum. Como será depois da morte? Será que não piscaremos os olhos nunca mais e será sempre dia, como em *Entre quatro paredes*? Lá, não havia pálpebras. Que tristeza viver sem pálpebras!

**Paulo**
Ora, professor, por favor, não reduza Sartre ao inferno. Se eu não me engano, esse mesmo Sartre, que o senhor cita com pessimismo, dizia: "Não importa o que a sociedade fez de você, o que importa é o que você fez com o que a sociedade fez de você". Nós é que escolhemos. É a tal condenação à liberdade.

**Rodolfo**
Se eu pudesse, voltaria no tempo.

**Paulo**
Não pode voltar, mas pode lembrar.

**Rodolfo**
Não há nada de bom para lembrar. Eu gostaria de voltar para mudar o passado. Mudar tudo. Fazer as coisas da maneira certa.

**Paulo**
Não seja injusto com a sua memória, professor. Não há um aluno que não tenha sido tocado pelo seu carisma. Aulas memoráveis. Até hoje, tento ser um pouco do que aprendi com o senhor. E não era só conteúdo... Havia um gosto especial, um gosto de quero mais. Fome de saber. Todos nós nos sentíamos importantes. Cada um era único naquela sala de aula.

**Rodolfo**
Está certo. Foram 34 anos de magistério. Anos de ouro da minha vida. Comecei com 15 anos de idade. Eu era um pirralho, precisava trabalhar e consegui uma vaga de assistente. Quando faltava um professor, imediatamente, eu me prontificava

para substituí-lo. Mas eram outros tempos. Depois, eu fui aposentado e nem sei o porquê.

**Paulo**
Não sabe?

**Rodolfo**
Sei e não sei. Os psiquiatras disseram que eu estava temporariamente incapacitado para dar aula.

**Paulo**
Temporariamente?

**Rodolfo**
É. Mas, se você quer saber a verdade, eu mergulhei nessa desculpa e me agarrei a ela com o pouco de força que ainda havia em mim. Eu tinha tanto prestígio que todo mundo acreditou nisso. Até eu acreditei.

**Paulo**
E, logo, o temporário foi se tornando permanente.

**Rodolfo**
Eu compactuei com tudo aquilo e ninguém ousou me salvar da minha própria invenção. Eu não tinha energia nem queria gritar pela minha

liberdade. Hoje, vejo que foi como se eu tivesse assinado um documento pedindo para ser colocado vivo dentro de um caixão. Não há nada pior do que sufocar o sonho de uma pessoa.

**PAULO**
É só voltar a sonhar.

**RODOLFO**
Depois de sufocados, os sonhos murcham, estragam-se... Perdem o viço.

**PAULO**
Mas o senhor é tão jovem...

**RODOLFO**
Jovem? Que jovem, que nada! A velhice vem mais depressa do que o resfriado. Sou um livro rasgado, sou um violão desafinado. Desafinado, não. Pior. Sou um violão sem cordas.

**PAULO**
Não diga isso. O senhor está ótimo.

**RODOLFO**
Ótimo eu estava com aqueles alunos inquietos na sala de aula. Aquilo, sim, era vida.

**Paulo**
Inquietos?! Acho que a melhor expressão para definir a juventude atual é *horda de delinquentes*.

**Rodolfo**
*Horda de delinquentes*?! Você não está exagerando?

**Paulo**
Os jovens não são mais como antes, não são como éramos.

**Rodolfo**
É natural, as gerações mudam. Ou você acha que a sua geração era tão respeitosa como a minha?

**Paulo**
Não foi isso que eu quis dizer.

**Rodolfo**
Mas foi isso que você disse.

**Paulo**
Tudo bem, então eu disse. Mas estou errado? Os alunos de hoje ou falam demais ou fazem cara de deboche. Um bando de animais. Colocam apelidos nos professores, não têm respeito, não têm educação e são cheios de traumas. Isso, para

não falar nos bandidinhos que ficam no fundo da sala. Como é que o pobre do professor vai dar conta de tudo?

**RODOLFO**
Professor não é mágico, não tem que *dar conta*, mas é preciso educar. Contribuir. Colocar para fora o que ele tem de melhor. Dom Bosco dizia que não era suficiente ao jovem ser amado, ele precisava saber que era amado. Família e escola podem operar milagres.

**PAULO**
Família? Que família? O senhor deve saber muito bem que, hoje em dia, o grande problema é que a família quase nunca está presente. A maioria sempre tem algum trabalho ou algo mais importante, mais urgente...

**RODOLFO**
Pois, então, que cada um faça, ao menos, a sua parte. É preciso mostrar a cada aluno o quanto ele é importante e o quanto ele é único, mas sem perder de vista que ter afeto não significa deixar de ter disciplina. Nunca consegui dar aula com barulho, com um aluno, que fosse, falando. Eu era como um maestro, que orienta os músicos e faz com que cada um se sinta seguro por

ser conduzido; um maestro que tira os melhores sons e vibra com isso. O respeito não se impõe, se conquista. Ai, que saudades, que saudades daqueles olhares curiosos, sequiosos de vida.

**PAULO**
O senhor diz tudo isso... Eu não consigo entender...

**RODOLFO**
Ao que parece, você não consegue entender o que não parte do seu ponto de vista. Para você, o importante é me colocar em xeque...

**PAULO**
Ei! Eu não estou aqui fazendo pirraça. Estou dando a minha opinião, só isso.

**RODOLFO**
Opinião?! Antes de dar a sua valiosa opinião sobre a *horda de delinquentes*, procure entrar numa sala de aula. Experimente entrar numa sala de aula!

**PAULO**
Eu já entrei em diversas salas de aula, inclusive na sua.

**Rodolfo**
Então, precisa procurar saber o que é a adolescência.

**Paulo**
Eu sei o que é! É um período complicado, hormônios, transição, descobertas... Claro que eles ficam agitados, mas isso não é desculpa...

**Rodolfo**
Teorias, teorias, teorias. É sempre assim. Principalmente quando se trata do trabalho do outro. Quando levantamos uma hipótese, o sujeito tem olhos progressistas, é moderno, está por dentro das teorias. Mas, se colocarmos esse mesmo sujeito no centro da arena, na hora da prática, ele será repentinamente tomado por um espírito conservador... Inventa desculpas, esquece o que leu, o que falou...

**Paulo**
O senhor está distorcendo as minhas palavras.

**Rodolfo**
Achei que o seu próximo passo seria recomendar a volta da palmatória e de outros castigos físicos. Achei que iria instituir, nacionalmente, a entrega de medalhas aos alunos de nota mais

alta e distribuiria um manual que ensinasse os professores a entrarem na sala berrando "calem a boca" ou, ao contrário, tratando os alunos como pintainhos: "Shiu, shiu, shiu... Me deixem dar aula".

**PAULO**
Não é nada disso.

**RODOLFO**
Aqui, no Brasil, é assim: em época de copa, todo mundo é juiz de futebol!

**PAULO**
O senhor não está me ouvindo! Eu entendi o que o senhor disse.

**RODOLFO**
Então, o que é que você, o sábio Paulo, não consegue entender?

**PAULO**
Não consigo entender como alguém tão apaixonado pela escola quanto o senhor não volta a dar aulas.

**RODOLFO**
Eu não posso.

**Paulo**
Não pode por quê? O que te proíbe?

**Rodolfo**
Eu fui aposentado por invalidez, Paulo.

**Paulo**
O senhor acabou de me dizer que essa invalidez foi uma desculpa, uma fuga, uma mentira.

**Rodolfo**
Eu não disse isso!

**Paulo**
É claro que disse. Ou o que o senhor diz não pode mais ser escrito?

**Rodolfo** *(vencido)*
Há coisas às quais não podemos voltar.

**Paulo**
Talvez, não possamos mudar o passado, mas podemos mudar o futuro. O senhor faz um exame diante de uma junta de médicos, fica comprovada a sua capacidade, e o senhor volta. O senhor será recebido como um herói que voltou de um combate.

**Rodolfo**
Você não entende... Eu esquecia textos em sala de aula. Eu parava e começava a chorar. Era constrangedor. Eu olhava os alunos e via que, por mais que fizesse, eu, sozinho, não poderia salvá-los.

**Paulo**
O senhor acabou de me dizer que o professor não precisa dar conta de tudo, que cada um só precisa fazer a sua parte.

**Rodolfo**
É diferente. Eu fui vencido pelas circunstâncias. Todos viram a minha dor.

**Paulo**
Sentir não é nenhuma vergonha. Ao contrário, é uma grande qualidade. E, além disso, não é possível que três anos de dor possam superar 34 anos de uma vida repleta de alegrias dedicada à educação.

**Rodolfo**
Eu não posso.

**Paulo**
Se o senhor quiser, o senhor pode.

**Rodolfo**
Eu não quero.

**Paulo** *(frustrado)*
Não quer?

**Rodolfo**
Eu já perdi muita coisa. Não quero perder mais.

**Paulo**
Eu não estou entendendo.

**Rodolfo**
Foram dois filhos. Um, a mãe roubou de mim.

**Paulo**
Roubou?

**Rodolfo**
Eu tinha acabado de completar 18 anos e a conheci em um *show* de uma banda *cover* dos Beatles.

**Paulo**
Conheceu quem?

**Rodolfo**
Minha primeira mulher.

**Paulo**
Eu nunca soube que o senhor foi casado duas vezes.

**Rodolfo**
Fui. Mas pouca gente sabe... Era uma mulher complicada... Ela tinha fugido de casa e estava morando de favor na casa de uma amiga. Década de 70, paz e amor... Quatro meses depois do nosso primeiro beijo, já dividíamos o mesmo teto. Rompante de crianças apaixonadas. Três anos depois, ela engravidou.

**Paulo**
E o que deu errado?

**Rodolfo**
Ela tinha muitas crises nervosas... Mas, depois da gravidez, ela parecia muito bem, calma, plácida... De repente, quando nosso filho fez oito meses, ela me deixou. Enquanto eu trabalhava, ela fugiu, levando a criança.

**Paulo**
Ela te abandonou e levou a criança? E o senhor nunca os procurou?

**Rodolfo**
Claro que procurei. Quase enlouqueci. Mas eu não consegui encontrá-la e nunca soube do menino. Ainda hoje, morro de saudade desse filho que eu mal conheci.

**Paulo**
E o senhor não tem nenhuma foto que eu possa ver? Nenhuma lembrança?

**Rodolfo**
Dela, eu queimei tudo. Do pequeno Saulo, eu não tenho nada. Ela dizia que só iria permitir fotos do menino depois do batismo.

**Paulo**
Então, o nome do seu primeiro filho é Saulo?

**Rodolfo**
Eu queria um nome bíblico, preferiria que fosse o nome de um apóstolo, mas ela cismou que tinha que ser Saulo, disse que era uma homenagem ao pai dela; aí, ficou Saulo. Bom... No fim das contas, também é um nome bíblico.

**Paulo**
Mas o que fez a sua mulher ir embora sem dizer nada?

**Rodolfo**
Não sei ao certo... Ela sofria de depressão, mudanças de humor, não queria se medicar... Mas eu era apaixonado... Eu entendia e enfrentava as crises com ela.

**Paulo**
Infelizmente, esses casos são mais comuns do que parecem ser.

**Rodolfo**
Bom... Deixe que eu continue. Não quero aborrecê-lo passando a noite falando disso.

**Paulo**
De jeito nenhum! Não vai me aborrecer.

**Rodolfo**
Se não se importa, eu prefiro encurtar a história.

**Paulo**
Tudo bem.

**Rodolfo**
Só depois de uns dez anos, eu tomei coragem para amar de novo. Então, conheci Helena e tive outro filho: Lucas. Talvez, você o tenha conhecido.

**Paulo**
De vista. Quando seu filho estava entrando na escola, eu já estava saindo, indo para a faculdade. Na época, soubemos da morte da sua esposa e que o senhor precisava levá-lo à escola para poder dar aulas.

**Rodolfo**
Quando Helena morreu, ele só tinha quatro anos... Como foi duro ver o meu filho chorando naquele velório. E eu, ali, sem saber o que responder, sem saber o que dizer para o meu filho. O instante rouba de nós o que mais amamos e não deixa um bilhete sequer com alguma explicação.

**Paulo**
E o senhor cuidou sozinho do Lucas?

**Rodolfo**
O Lucas virou a razão da minha vida. Eu fiz questão de zelar pela sua educação e de fortalecer os seus ideais. Eu criei um adolescente forte e contestador. Eu o fiz assim, eu o moldei para ser o melhor. Eu aceitava os seus porquês e discutia com ele, fazia com que ele provasse a sua razão.

**Paulo**
Ele devia ser um jovem brilhante.

**Rodolfo**
Brilhante é o que ele era. Suas canções eram canções de liberdade. Nós brincávamos que ele seria o salvador da pátria, o exército de um só homem.

**Paulo**
Com todas as dificuldades, o senhor conseguiu dar a volta por cima. Parabéns.

**Rodolfo**
Não me dê parabéns. Se ele não tivesse acreditado na nossa brincadeira, hoje, estaria aqui conosco.

**Paulo**
O que aconteceu foi uma infelicidade, professor. Não havia como prever.

**Rodolfo**
Não. Tudo poderia ter sido evitado. Se eu não o tivesse feito crer que ele poderia salvar o mundo, ele não teria tentado impedir o assalto e nada teria acontecido.

**Paulo**
Era uma mulher indefesa. Qualquer um teria tentado ajudar.

**RODOLFO**
Isso não é verdade! As pessoas se escondem atrás de suas máscaras. Ninguém teria ajudado. Mas era o Lucas que estava ali, presenciando a cena, do alto de seus 16 anos. Em pleno Natal, dois moleques empurrando uma mulher, roubando a sua bolsa e a sua dignidade. Ele não seria capaz de ignorar a dor da mulher. Ele não seria capaz de não se indignar... Eu sei o que estou dizendo. Eu o fiz assim.

**PAULO**
Não diga uma coisa dessas, professor. A culpa não foi sua.

**RODOLFO**
Se eu o tivesse criado do modo que todo mundo cria, eu não teria precisado enterrar o meu filho em um caixão fechado, morto por duas outras crianças que mal tinham a idade dele. Três tiros, Paulo. Três tiros à queima-roupa, por causa de uma bolsa e de alguns presentes. Dois na altura do peito e um no rosto. Por que é que foram fazer isso com o meu filho? Com o meu menino? Por quê? Nós tínhamos um ao outro... E, hoje, eu não tenho ninguém. Desculpe a emoção de um velho bobo falando de seu passado.

**Paulo**
O senhor não é um velho bobo.

**Rodolfo**
Obrigado. Consegue entender por que eu não quero mais dar aula?

**Paulo**
Não, eu não consigo.

**Rodolfo**
Porque eu tenho medo. Tenho medo de inventar outros heróis, medo de viver outra vez, medo de perder mais do que já perdi. Eu inventei um super-homem que sonhava, mas que não sabia voar. Não posso ameaçar outras famílias, não posso correr o risco de ver alguém repetindo a minha história.

**Paulo**
Se os garotos que mataram o Lucas tivessem tido um professor como o senhor, eles seriam cheios de sonhos e de coragem, seriam fortes e também iriam querer mudar o mundo. Se o senhor tivesse dado aula para eles, hoje, o Lucas estaria aqui conosco. Quanto mais professores como o senhor, mais seguros nós estaremos.

**Rodolfo**
Paulo, por favor, não plante caraminholas na minha cabeça.

**Paulo**
Eu não estou plantando caraminholas, estou retirando parasitas e ervas daninhas.

**Rodolfo** *(tentando mudar de assunto)*
Eu vou buscar algo para bebermos. Fique à vontade.

**Paulo** *(referindo-se ao caderno)*
Posso olhar as suas anotações?

**Rodolfo**
Não há mais nada que eu precise esconder de você.

**Paulo**
É bom saber que o senhor confia em mim.

**Rodolfo** *(tentando demonstrar bom humor)*
Mas, talvez, fosse preferível que lesse coisas melhores: Dostoiévski, Flaubert, Proust, Clarice Lispector, Gabriel García Márquez, Monteiro Lobato, Cecília Meireles. Leia o que importa. Eu não importo, meu filho.

**Paulo**
Claro que importa.

**Rodolfo**
Se você insiste, vá em frente. Enquanto isso, eu vou buscar nossa bebida.

*Rodolfo sai de cena. Paulo pega o caderno e lê.*

**Paulo** *(lendo)*
"Marcelo tinha pai e mãe. Não tinha pai nem mãe. Criou-se com tudo e sem nada. Empresários bem-nascidos, os dois deixaram Marcelo vir por descuido. Não foi planejado. O menino cresceu em meio a babás. E, certa feita, visitando o asilo com a mãe – que, uma vez por ano, fazia um gesto de caridade –, apaixonou-se pelos olhos da velha Antígona. Amou-a desde o primeiro instante e, com ela, iniciou uma entrevista. E ela, docemente, permitiu-se amar. Perguntas eram feitas e respostas eram dadas. Sortilégios retirados da literatura e nela inspirados. Menino sabido, esse Marcelo. Soube encontrar a essência de quem a aparência há muito roubara a beleza."

**Rodolfo**
Eu não tenho nada alcoólico. Trouxe um suco. Pode ser?

**Paulo**
Pode, claro. Um suco está ótimo.

**Rodolfo**
Sirva-se.

**Paulo**
E esse menino que visitava Antígona?

**Rodolfo**
Marcelo? O que é que tem ele?

**Paulo** *(tentando retomar o assunto)*
Ele vai continuar na história? Quero dizer, os filhos dela não vão reaparecer?

**Rodolfo**
O que você faria? Acha que eles devem se arrepender e voltar a visitar a mãe?

**Paulo**
Acho que sim. Acho que eu faria com que eles aparecessem de surpresa ou... Não, professor, talvez, isso não faça sentido. Talvez, o Marcelo

pudesse procurá-los ou... Não. Eu não sei. Eu não sei decidir essas coisas.

**Rodolfo**
É. Preciso pensar. Preciso inventar um final para essa mulher. Mas e você?

**Paulo**
Eu já dei a minha resposta. Eu não sei o que escreveria.

**Rodolfo**
Não é isso. Quero saber de você. Quando me tornei seu professor, eu soube que você não tinha pai, mas não fiquei sabendo que sua mãe havia morrido.

**Paulo**
Quando minha mãe morreu, eu já estava na faculdade.

**Rodolfo**
Mas eu não me lembro dela, nem vagamente.

**Paulo**
Ela nunca ia à escola. Dizia que não gostava. Acho que ela tinha vergonha de não ter estudado, vergonha dos professores. Acho que era isso.

**Rodolfo**
Não era boa a sua relação com ela?

**Paulo**
Nós brigávamos muito, mas eu sei que nossa relação era boa. Eu sei que passamos muitos dias felizes e muitos dias difíceis também. Eu amava a minha mãe com todos os seus silêncios, sorrisos, sumiços...

**Rodolfo**
Não entendi.

**Paulo**
Ela era... desequilibrada. O senhor já conviveu com alguém assim, sabe como é.

**Rodolfo**
Eu sei, não é fácil.

**Paulo**
Hoje, eu vejo que ela precisou lutar muito consigo mesma para me criar. Enquanto eu era pequeno, ela venceu a depressão e inventou uma outra mulher, que não era ela, só para me proteger, para estar junto de mim, para me fazer virar gente. Feito uma leoa...

**Rodolfo**
E depois?

**Paulo**
Depois, eu cresci e ela se soltou, parou de lutar... Ela me dava um baita trabalho... Foi a minha vez de cuidar dela.

**Rodolfo**
E o seu pai?

**Paulo**
Não sei. Meu pai... eu só imagino. Minha mãe nunca quis me falar dele. Só dizia que era um homem bom, mas que ela não o amava, que ela não podia ficar ao lado dele porque não queria transformá-lo em alguém triste.

**Rodolfo**
Quando ele morreu, você era muito jovem?

**Paulo**
Eu não sei se ele morreu.

**Rodolfo**
Ele abandonou a sua mãe?

**Paulo**
Não. Ele... Ele foi abandonado por ela. Ela me pegou e fugiu.

**Rodolfo**
Que idade você tinha?

**Paulo**
Eu ainda não tinha um ano.

**Rodolfo**
E em que ano você nasceu?

**Paulo**
1977.

**Rodolfo**
Meu Deus... Que coincidência!

**Paulo**
E o seu filho que sumiu?

**Rodolfo**
Também.

**Paulo** *(querendo e não querendo dizer)*
Antes que você me pergunte, eu nem sei direito a

data do meu aniversário. Eu nasci em um lugar e minha mãe me registrou em outro.

**RODOLFO**
Claro, claro, é de se imaginar. Mas você sempre morou aqui?

**PAULO**
Não. Aos 11 anos, nós nos mudamos para cá. Ela dizia que era importante que eu estudasse aqui.

**RODOLFO**
Importante?

**PAULO**
Ela dizia que a cidade era maior, que eu teria mais oportunidades, melhores professores. Mas eu nunca acreditei que fosse realmente o motivo.

**RODOLFO**
E ela te matriculou justamente na escola em que eu dava aula?

**PAULO**
Foi.

**Rodolfo**
E como você imagina o seu pai?

**Paulo**
Como minha mãe dizia que ele era: um homem bom.

**Rodolfo**
Só isso? Um homem bom?

**Paulo**
Para mim, isso seria mais do que suficiente.

**Rodolfo**
É... Realmente, é uma boa medida.

**Paulo**
Mas foram tantas mentiras para me proteger que eu não consigo saber se o meu pai era esse homem que ela me fez imaginar ou se era só mais uma invenção da cabeça dela.

**Rodolfo**
Claro que ele era um homem bom. Sua mãe não mentiria sobre isso. Não havia nenhuma necessidade.

**Paulo**

Talvez não. Mas, no fundo, acho que meu pai nunca me procurou. Acho que a situação que a minha mãe criou, de alguma forma, foi confortável para ele.

**Rodolfo**

Não diga isso. Você não sabe a dor que é ter um filho roubado.

**Paulo**

Mas o outro lado dessa dor eu conheço bem. Eu tive o meu pai roubado.

**Rodolfo**

Então, você sabe que está fazendo um julgamento precipitado. As possibilidades são muitas.

**Paulo**

Mas é que eu fico pensando: se o senhor fosse o meu pai, por exemplo... O senhor disse que procurou o seu filho... Eu morava aqui, na cidade vizinha, seria impossível que não tivesse me achado.

**Rodolfo**

Seu pai pode não ter tido sorte. Eu, por exemplo, procurei muito o meu filho, inclusive nas cidades vizinhas. Mas são muitas vielas, muitos caminhos, muitos atalhos... Os vizinhos ajudam a esconder, dão informações erradas... A gente fica tonto, perdido... Não sabe se deve envolver a polícia... As escolhas são muito fáceis de serem julgadas e muito difíceis de serem feitas.

**PAULO**
Não importa. O fato é que eu nunca encontrei meu pai e acho que já me acostumei com essa ideia.

**RODOLFO**
Claro. Algumas ideias criam raízes e se agarram na gente, eu sei.

**PAULO**
É. O melhor é deixar esse assunto enterrado.

**RODOLFO**
Está certo. Se você prefere...

**PAULO**
Prefiro.

*Pausa. Há um constrangimento no ar.*

**Paulo** *(mudando de assunto, bruscamente)*
E o Marcelo? O filho que você inventou para Antígona, como é que ele é?

**Rodolfo** *(pega o caderno e lê)*
"Caminhando sozinho pelos longos corredores daquele asilo, Marcelo tinha uma tristeza de dar dó. Era muito criança para ser triste. Mas era triste. Sempre com algumas folhas e uma lapiseira, levava flores alegres para a velha Antígona. Ela agradecia e o beijava docemente, como ninguém o fazia. Ela dedicava tempo e entusiasmo ao pequeno Marcelo. Quando juntos, eles se permitiam visitar pela ternura. Um dia, pediu Marcelo a Antígona: 'Ensina-me a escrever'. E respondeu docemente a velha: 'Conte-me alguma história triste, algo que o emocione, algum sonho não realizado, alguma perda e, aí, começamos'."

**Paulo**
É estranho Antígona pedir ao menino que fale de tristezas, não acha?

**Rodolfo**
Acho.

**PAULO**
Mas não deveria achar. Foi o senhor quem escreveu essa história.

**RODOLFO** *(constrangido)*
Talvez, ela queira trabalhar com a emoção e com o olhar atento do pequeno Marcelo; talvez, queira ajudá-lo a purgar as suas dores.

**PAULO**
"O meu olhar é nítido como um girassol.
Tenho o costume de andar pelas estradas
Olhando para a direita e para a esquerda,
E de vez em quando olhando para trás...
E o que vejo a cada momento
É aquilo que nunca antes eu tinha visto,
Eu sei dar por isso muito bem...
Sei ter o pasmo essencial
Que tem uma criança se, ao nascer,
Reparasse que nascera deveras...
Sinto-me nascido a cada momento
Para a eterna novidade do Mundo..."

**RODOLFO**
Fernando Pessoa?

**PAULO**
Alberto Caeiro.

**Rodolfo**
Prefere esse heterônimo?

**Paulo**
Não posso dizer que sim nem que não. Gosto desse poema, ele me faz ver que a gente não precisa provocar as dores para viver a intensidade das emoções.

**Rodolfo**
E você gostaria de mostrar esse poema ao pequeno Marcelo?

**Paulo**
De jeito nenhum. Eu gostaria de mostrá-lo à *velha e sábia* Antígona. A meu ver, a própria vida se encarrega de fazer surgir muitas dores. Pra que inventar mais? Gostaria de saber o que ela acha disso.

**Rodolfo**
"Sinto-me nascido a cada momento
Para a eterna novidade do Mundo..."

Por que não me sinto assim, Paulo, por quê?

**Paulo**
São as suas escolhas. O mundo está aí, o senhor precisa lançar o seu olhar sobre ele e deixar-se

contagiar pela novidade. É uma questão de perseverança e tempo.

**Rodolfo**
Tempo? Eu não tenho mais tempo. Quando eu penso que algo bom está para surgir, o vento muda de direção.

**Paulo**
Enquanto há vida, há tempo; enquanto há vida, há barco pronto para as tormentas, para as aventuras, para os prazeres do oceano.

**Rodolfo**
Gostaria de poder acreditar nisso.

**Paulo**
Se quiser acreditar, acredite. Foi o senhor quem nos ensinou que cada um constrói a sua história, que a vida é um conjunto de escolhas.

**Rodolfo**
Escolhas... Aspiração... Isso é de Aristóteles.

**Paulo**
Aspiração. Sonho maior que move nossa vida.

**Rodolfo**
Bonita definição.

**Paulo**
E qual é a sua, professor? Qual é a sua aspiração?

**Rodolfo**
Eu não tenho mais oportunidade de ter aspirações.

**Paulo**
Machado de Assis, pobre, gago, manco, epilético, sem estudo, morando no morro e, ainda, vendendo doces para ajudar a madrasta, reinventou a própria vida e criou oportunidades para se tornar o maior escritor deste nosso Brasil.

**Rodolfo**
Machado de Assis é um exemplo louvável. Mas você está falando de um jovem iniciando a vida. Eu já passei da idade para aspirações. Melhor você se concentrar no que sobrou de mim. Estou podre e já caí do galho.

**Paulo**
Aaai... Martin Luther King começou sua luta política aos 26 anos...

**Rodolfo**
Eu tenho exatamente o dobro dessa idade. Estou acabado.

**Paulo**
Acabado? Jorge Luis Borges é considerado um dos maiores escritores da América Latina e, quando perdeu a visão, ainda assim, queria ler. Beethoven compôs diversas sinfonias mesmo depois de praticamente surdo.

**Rodolfo**
Eu não estou nem cego nem surdo. Para as aspirações, estou praticamente morto.

**Paulo**
Sócrates preferiu não fugir a trair seus ideais. Acusado de perverter os jovens com a sua sabedoria, preferiu tomar cicuta diante de seus alunos, para poder relatar as suas sensações enquanto a morte se aproximava. Partilhou com eles a sua última e maior experiência.

**Rodolfo**
Não tente me convencer.

**Paulo**
A sua própria personagem, Antígona, começou a ensinar na maturidade.

**Rodolfo**
Eu a criei, mas não sou a velha Antígona.

**Paulo**
Não se engane! Antígona é teimosa como o senhor. Teimosa como o *sábio* rei Lear, de Shakespeare, que dividiu o reino entre as duas filhas que o adulavam e desprezou a que verdadeiramente o amava.

**Rodolfo** *(sarcástico)*
É isto: falta-me inteligência!

**Paulo**
Não, professor. Não lhe falta inteligência. Inteligência, todo mundo tem. Não há ninguém, ninguém, que seja burro. As inteligências são diferentes. As pessoas têm facilidade em alguns aspectos e dificuldade em outros. O próprio Einstein era considerado um péssimo aluno.

**Rodolfo** *(desafiador)*
Se não é inteligência, o que me falta?

**Paulo**
Faltam-lhe sabedoria e um pouco de coragem. Isso passa pela emoção, pelo equilíbrio, pela autoestima. É o caminho para a felicidade. Mas me parece que o senhor está fazendo questão de esquecer tudo o que ensinou.

**Rodolfo**
Por favor, Paulo, pare com isso.

**Paulo**
Não paro. Foi para isso que eu vim. Eu não vou desistir de desenterrar o meu velho professor. Ainda que o senhor pareça um disco arranhado, pulando na mesma faixa, um burro teimoso, uma coisa empacada.

**Rodolfo**
Onde está o seu respeito, rapaz?

**Paulo**
Onde está o seu respeito, professor?

**Rodolfo**
Eu não consigo esquecer o meu passado.

**Paulo**
Ninguém deve esquecer o passado.

**Rodolfo**
Faça o que eu digo, não faça o que eu faço?

**Paulo**
Estou falando do que *é*, não do que *pode ser*.

**Rodolfo**
Eu não sou mais nada. Eu já não sei para onde ir, já não sei por onde andar.

**Paulo**
"Cuidado por onde andas, que é sobre o meu sonho que caminhas."

**Rodolfo**
"No meio do caminho tinha uma pedra."

**Paulo**
Contorne.

*Pausa.*

**Rodolfo**
Drummond era genial, não era?

**Paulo**
Ainda *é*.

**Rodolfo**
Você deveria ser professor, sabia?

**Paulo**
Eu sou professor.

**Rodolfo**
É?

**Paulo**
Sou.

**Rodolfo**
E do que é que você dá aula?

**Paulo**
Geografia.

**Rodolfo**
Você é uma caixa de surpresas. Se eu tivesse suspeitado disso, juraria que você é como eu: professor de literatura.

**Paulo**
Eu não tenho tino para as letras! Pelo menos, não para dar aulas.

**Rodolfo**
Claro que tem! Poderia dar aula de língua portuguesa, de filosofia, de conhecimentos gerais... Tenho que confessar que geografia me surpreende.

**Paulo**
Não seja preconceituoso, professor. É muito mais tranquilo ensinar sobre a Grécia usando Sócrates ou alguma peça de teatro. Falar de gêneros, de classes sociais e de etnias usando a literatura. Falar sobre natalidade e sobre desemprego usando músicas, filmes... É mais estimulante, para mim e para os alunos. Eu poderia ser até professor de matemática.

**Rodolfo**
E onde você arruma esses outros assuntos para dar aula?

**Paulo**
Fico antenado. Uso as minhas leituras, os problemas dos alunos, as discussões de outras matérias, jornais, TV, internet... Está no sangue, está no ar... É só respirar.

**Rodolfo**
E é esse o truque que você está usando comigo?

**Paulo**

Não é truque, é técnica. O senhor sabe... É pura maiêutica: o professor é a parteira, e o aluno é como um bebê dentro da barriga da mãe, no auge dos seus nove meses. Ele já está pronto para sair de lá e abraçar o mundo, mas ainda precisa nascer.

**Rodolfo**

Então, você os estimula e os empurra do ninho, obriga os jovens pássaros a descobrirem suas próprias asas e sua força. Você os faz descobrir que, para eles, só falta o céu.

**Paulo**

Perfeito, é uma questão socrática.

**Rodolfo**

E a mesma pessoa que me diz essas coisas lindas acredita que os alunos de hoje são uma horda de delinquentes?

**Paulo**

Não. Claro que não. O senhor me deu aula, eu conheço o seu espírito. Por mais que os alunos não sejam anjos, eu estava só provocando o professor escondido *dentro dessa casca podre*.

**Rodolfo**
Você é terrível, sabia?

**Paulo**
Sabia. Minha mãe vivia dizendo isso para mim. Com essa mesma cara que o senhor fez agora.

**Rodolfo**
Ela falava para mim também.

**Paulo**
Perdão. O senhor pode repetir?

**Rodolfo**
Desculpe, foi só uma bobagem. Combinamos não tocar nesse assunto.

**Paulo**
Por mais que eu tenha dito que não queria falar, para mim, é importante. Eu passei a vida tentando descobrir quem era o meu pai. Não posso ignorar essa situação.

**Rodolfo**
Não foi nada, eu me confundi e juntei as histórias. Minha primeira mulher falava isso para mim também. Eu já te disse, sou um velho bobo querendo ver aquilo que imagino.

**Paulo**
E se não for bobeira, professor?

**Rodolfo**
Qual era o nome da sua mãe?

**Paulo**
Maria Eugênia.

**Rodolfo**
Está vendo? O nome da minha ex-mulher é Maria Lúcia.

**Paulo**
Mas minha mãe não tinha documentos. Ela estava fugindo do meu pai, pode ter trocado de nome.

**Rodolfo**
Mas pode ser que não. Talvez, ela se chamasse mesmo Maria Eugênia e tudo isso seja só coincidência.

**Paulo**
É... Pode ser só coincidência.

**Rodolfo**
Mas, realmente, as histórias são parecidas, as idades conferem, o perfil da sua mãe, a falta de escolaridade...

**Paulo**
Mas pode ser que tudo isso não passe de uma ilusão. Uma ilusão boa.

**Rodolfo**
Mas, talvez, eu seja mesmo o seu pai.

**Paulo**
Mas, talvez, não seja.

**Rodolfo**
E se eu for?

**Paulo**
Eu não sei... Eu não sou bom em inventar finais de história, professor.

**Rodolfo**
Mas, melhor do que inventar um bom final para ela, acho que arrumamos um bom recomeço para nossas próprias vidas.

**Paulo**
Calma, professor. Nossas vidas não são ficção.

**Rodolfo**
Não seja tão racional. Onde está a intuição do brilhante professor que eu vejo à minha frente? Onde estão a sua sabedoria e a sua coragem?

**Paulo**
Precaução também é uma qualidade.

**Rodolfo**
Tudo bem. Então, pelo menos, aceite o presente que eu tenho para você.

**Paulo**
Presente para mim? Quando eu cheguei, achei que não estivesse me esperando.

**Rodolfo**
O Lucas morreu quase no dia do Natal. Eu já tinha comprado o presente dele e nunca consegui deixar de colocá-lo ao pé da árvore.

**Paulo**
Eu não sou nem quero ser o substituto de ninguém.

## Rodolfo
Eu não estou dando este presente para o Lucas. Tampouco para o Saulo. Desta vez, eu não estou vendo o produto da minha imaginação. Estou vendo o real. Estou dando este presente para alguém que eu não imaginava que, nesta altura da minha vida, ainda pudesse chegar. Para alguém maior que qualquer coincidência, maior que a verdade de qualquer DNA. Para alguém que me devolveu a aspiração, "a eterna novidade do Mundo".

*Abraçam-se.*

## Paulo
Antes que eu me esqueça, também tenho um presente para o senhor. É uma caneta... Para a sua volta à escola.

## Rodolfo
Você acha mesmo que eu deva voltar a dar aulas?

## Paulo
Eu não tenho nenhuma dúvida disso. Você tem?

## Rodolfo
Quem diria... Eu nunca imaginei que ainda pudesse voltar a sonhar.

**Paulo**
Felicidade. É para isso que nascemos, não é?

**Rodolfo**
É, nós nascemos para colher e para plantar felicidade.

**Paulo**
Semeadores... É o que somos.

**Rodolfo**
Você tem toda a razão... Talvez, não possamos mudar o mundo em um piscar de olhos, mas não podemos deixar de lançar a semente. O jardim vai brotar, florir, e, depois, novos frutos virão, trazendo novas sementes e novos semeadores.

**Paulo**
Feliz Natal.

**Rodolfo**
Feliz Natal.

*Os dois se abraçam. Cai o pano.*